BIBLIOTHÈQUE MORALE CHRÉTIENNE

LA MUETTE

DE CHAMONIX.

I0754083

LIMOGES.
BARBOU FRÈRES, ÉDITEURS.

BIBLIOTHÈQUE
CHRÉTIENNE ET MORALE,

Approuvée

PAR MONSEIGNEUR L'ÉVÊQUE DE LIMOGES

2me SÉRIE.

Yf 10431

Tout exemplaire qui ne sera pas revêtu de notre griffe sera réputé contrefait et poursuivi conformément aux lois.

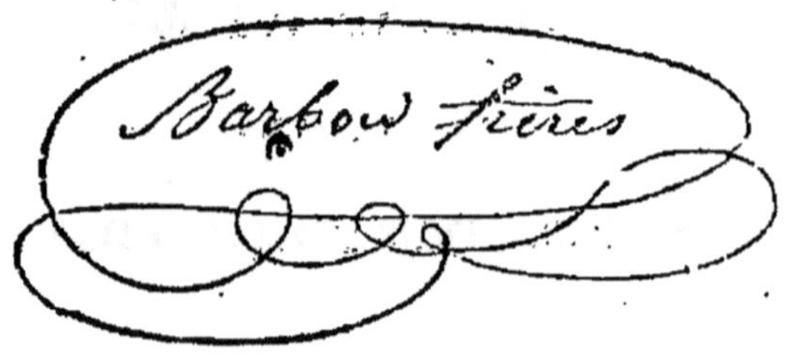

C.

LA MUETTE DE CHAMONIX,

COMÉDIE EN UN ACTE.

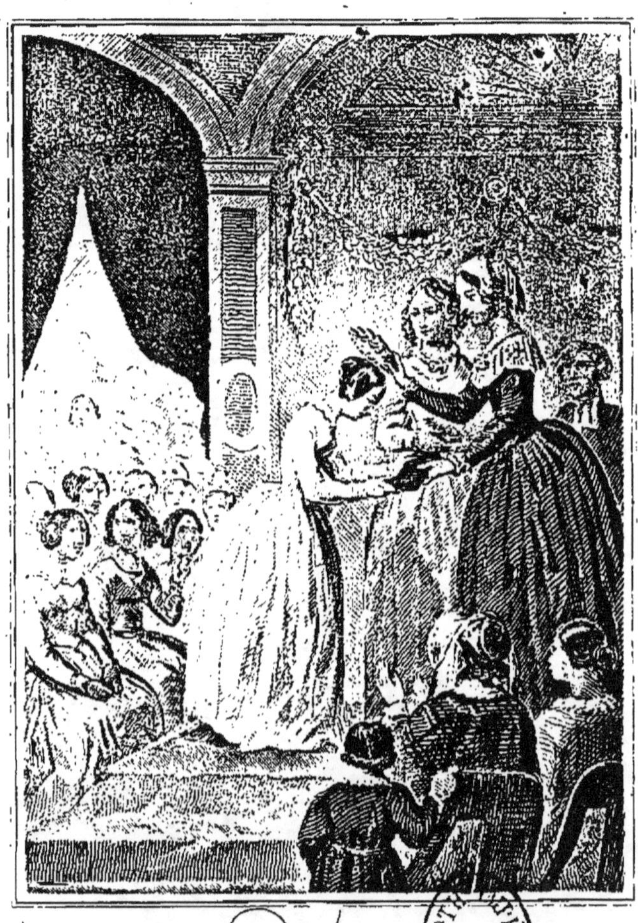

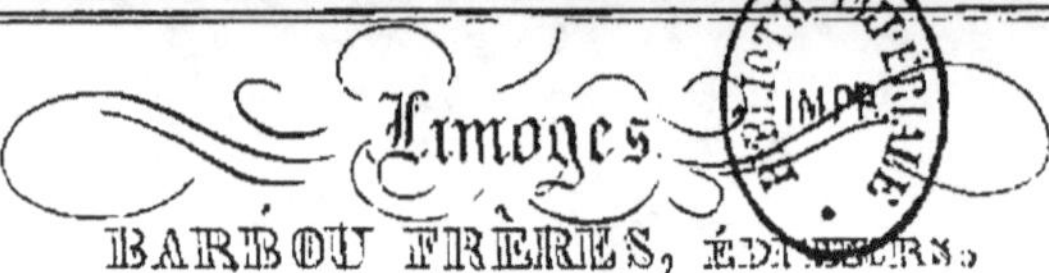

Limoges

BARBOU FRÈRES, ÉDITEURS.

LA

MUETTE DE CHAMONIX

COMÉDIE EN UN ACTE;

SUIVIE DE

MATHILDE D'ORMOND

OU

LA VENGEANCE,

DRAME HISTORIQUE EN TROIS ACTES.

BIBLIOTHÈQUE IMPÉRIALE
IMPR.

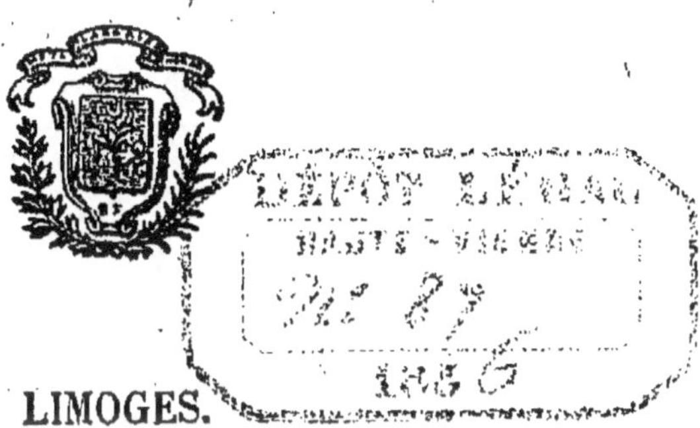

DÉPÔT LÉGAL
HAUTE-VIENNE

LIMOGES.
BARBOU FRÈRES, IMPRIMEURS-LIBRAIRES.

1856.

PERSONNAGES :

La mère MICHEL.

ROSE, sa fille.

Madame DE TELMONT, jeune veuve.

Madame DE SAINT-FÉLIX, sa tante.

ESTELLE, fille de madame de Saint-Félix.

ÉLISE, femme de chambre de madame de Telmont.

JULIETTE, petite domestique de l'hôtel de la Couronne.

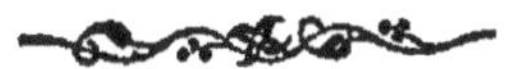

SCENE PREMIERE.

Le Théâtre représente un paysage ; on voit, dans le fond, une chaumière à moitié écroulée.

—

LA MÈRE MICHEL, SEULE (*elle file*).

Comme j'ai fait peu d'ouvrage ce matin! Je sens que mes forces m'abandonnent... Pauvre Rose! quelle sera à plaindre quand elle aura perdu sa mère!... Pourtant il me fait bien de la peine de la quitter... Elle est si gentille, ma Rose! Elle m'aime tant!... Il n'y a que six mois, nous étions les gens les plus heureux de la vallée de Chamonix; tout le monde enviait le sort du père et de la mère Michel, avec notre chère petite, dans notre bien, que mon pauvre mari cultivait.

1..

Quelques heures ont suffi pour détruire tout notre bonheur ; il me semble encore que j'y suis... Le père Michel était allé aux champs, et moi j'étais descendue au village pour acheter un mouchoir à ma petite Rose, que j'avais laissée à la maison ; je voulais la surprendre par mon petit cadeau ; je revenais contente, je pensais à notre bonheur, quand tout-à-coup il me sembla voir que la montagne s'ébranlait. En un instant, toutes nos terres furent abîmées ; notre maison avait disparu ! Ma fille ! ma fille ! m'écriai-je ! Je courus et je la vis pâle et tremblante ; elle me montrait son père qui venait d'expirer !... Ah ! que ma douleur fut affreuse ! Je poussai des cris qui retentirent dans toute la vallée... Hélas ! ma fille n'y répondit point, elle était devenue muette ! Depuis ce moment, nos malheurs n'ont fait que s'accroître, et tous nos efforts n'ont pu nous sauver de la misère. Eh ! qu'elle m'est cruelle, à cause de ma chère petite !... Bientôt, je le sens, elle sera orpheline... et que deviendra-t-elle sans moi ? O mon Dieu ! c'est à vous que je m'adresse ; je n'ai plus que vous sur la terre... Je vous là confie! Vous veillerez sur elle, n'est-ce pas, bon Dieu? Vous la garderez vous-même, oui, bon Dieu. Vous serez son père et sa mère... Je vous la donne, prenez en soin... Adoucissez-lui les horreurs de l'indigence; attendrissez les cœurs à la vue de son innocence, de sa jeunesse... Que l'on ait pour elle au moins de la pitié...

SCÈNE II.

LA MÈRE MICHEL, ROSE.

LA MÈRE MICHEL.

Te voilà donc, ma petite Rose: eh bien! as-tu mangé le petit morceau de pain que je t'avais donné?

Rose fait signe qu'elle l'a mangé et interroge sa mère pour savoir si elle a pris quelque chose.

LA MÈRE MICHEL.

Oh! moi, je n'ai besoin de rien, pauvre petite, je n'ai pas faim!...

Rose persiste à engager sa mère à déjeûner.

LA MÈRE MICHEL *(pressant sa fille contre son cœur).*

Ma Rose, ma pauvre Rose! que je voudrais pouvoir te rendre heureuse!... Chère enfant, écoute... je crains que tu n'aies pas assez de courage pour supporter ce que je vais te dire...

Rose fait signe que si.

LA MÈRE MICHEL.

Tu aimes bien le bon Dieu, Rose, n'est-ce pas?

Rose élève ses petites mains vers le ciel.

LA MÈRE MICHEL.

Oui, tu aimes bien le bon Dieu, ma fille, tu veux toujours lui obéir, lui être soumise; s'il t'envoyait de plus grandes peines, tu les recevrais sans murmurer?

Rose, d'un air résigné, fait signe que oui.

LA MÈRE MICHEL.

Pauvre enfant, tu es bien jeune et tu as déjà bien souffert!... Eh bien! il faut t'attendre à souffrir davantage... Vois-tu, je t'ai caché, autant que j'ai pu, notre malheureuse position; mais, à présent, je suis forcée de te la faire connaître telle qu'elle est... Nous n'avons plus rien, ma pauvre Rose... Tu viens de manger le dernier morceau de pain qui était dans notre maison!...

Rose fait un mouvement d'effroi.

LA MÈRE MICHEL.

Rassure-toi, mon enfant; n'oublie pas que nous avons un père dans le ciel.

Rose fait un signe pour le montrer.

LA MÈRE MICHEL.

Tu sais, ma Rose, combien les habitants de la vallée ont été bons pour nous; ils se sont empressés, aussitôt après notre désastre, de réparer notre maison, au moins de manière à ce que nous pussions y rester; ils nous ont apporté de leurs provisions; mais nous n'étions pas les seules victimes, d'autres aussi ont été ruinés, et, pour comble de maux, l'année a été très-mauvaise... Ainsi, ne nous plaignons de personne; Dieu est juste, et il est dans ses desseins de nous affliger... Mais, vois-tu, il y a des gens qui habitent les grandes villes et qui viennent ici de bien loin pour admirer nos glaciers, nos belles montagnes; ces gens-là sont riches; ce qu'ils dépensent en une semaine nous suffirait, à nous autres, pour plusieurs années. L'autre jour, il est arrivé des voitures à l'hôtel de la couronne; j'ai vu de belles dames qui se promenaient dans la vallée;

elles avaient l'air content et joyeux. Il en est peut-être quelqu'une, parmi elles, à qui le bon Dieu a donné un cœur compatissant; tù les intéresseras, ma Rose... Il me fait bien de la peine de te le dire.

Rose fait un mouvement d'horreur à l'idée de demander l'aumône, et proteste, par ses signes, qu'elle ne le fera pas.

LA MÈRE MICHEL.

Tu veux donc mourir de faim?

Rose fait signe que oui.

LA MÈRE MICHEL.

Et ta mère!...

Rose la regarde un moment avec expression, puis avec beaucoup de vivacité, elle veut dire, par ses signes, qu'elle est prête à faire tous les sacrifices pour sa mère, et elle se détourne pour pleurer.

LA MÈRE MICHEL (*la serrant dans ses bras*).

Ma fille! tu me déchires le cœur... Non, non, je ne veux pas que tu le fasses; j'aime mieux mourir dans tes bras!... (*Elle la serre contre elle et tâche de la retenir.*)

Rose se dégage, met la main sur son cœur en montrant sa mère, sort et revient aussi-

tôt, en indiquant l'endroit par lequel elle était sortie.

LA MÈRE MICHEL (*regardant dans la coulisse*).

Hélas ! ce sont les voyageurs qui sont arrivés l'autre jour !...

Rose fait signe à sa mère de rentrer dans sa chaumière et qu'elle demeurera dehors pour les attendre.

LA MÈRE MICHEL.

Non, non, ma Rose, nous serons toutes les deux.

Rose persiste à faire rentrer sa mère; elle l'accompagne jusque dans la chaumière et revient aussitôt.

SCÈNE III.

MADAME DE TELMONT, ÉLISE, JULIETTE, ROSE (*cachée derrière une haie*).

JULIETTE (*elle entre en sautant*).

En deux sauts, nous y voilà. A présent, Madame, si vous vouliez, nous grimperions encore sur cette roche qui est là-haut. Ah ! c'est de là que vous auriez une belle vue.

MADAME DE TELMONT.

Dieu m'en préserve ; j'ai failli rendre l'âme pour venir jusqu'ici. Mais, dis-moi, petite fille, où sont donc les curiosités que tu m'avais promises en me faisant escalader par ce chemin détestable?

JULIETTE.

Eh! ne vous ai-je pas fait voir des rochers, des précipices, de la glace, de la neige... Y a-t-il quelque chose de plus charmant que ça? Je suis sûre que, dans tout votre Paris, il n'y a rien d'aussi beau que notre Mont-Blanc. Mais voilà, il faut savoir courir partout par là et avoir les jambes lestes, comme la petite Juliette (*Elle fait deux ou trois sauts.*) C'est alors qu'il y a du plaisir. (*Elle chante.*)

ROMANCE.

O BELLE SAVOIE!

PREMIER COUPLET.

Le cœur joyeux, d'un pied agile,
Je parcours les monts et les bois.
Au sommet du roc, immobile,
Du torrent j'écoute la voix (*bis*),
Dont chaque flot s'en va roulant,
Et répétant
De mon pays
Les airs chéris.
O belle Savoie!

Mes amours, ma joie !
Celui qui te verra
Tra la, la, tra la, la, la,
Toujours de toi se souviendra

SECOND COUPLET.

Quand je vois l'aube matinale
Se levant sur nos glaciers,
Ou du soir les rayons d'opale
Glissant entre les peupliers,
J'écoute la brise jouant
Et répétant
De mon pays, etc.

TROISIÈME COUPLET.

Quand vient l'hiver, à nos veillées
Tout autour du feu de bouleaux,
Les jeunes filles des vallées
Vont tourner leurs légers fuseaux ;
Puis en rond elles vont dansant
Et répétant
De leur pays
Les airs chéris.
O belle Savoie, etc.

Allons, nous voilà en bon chemin, je retourne à l'hôtel pour offrir mes petits services aux nouveaux arrivés.

SCENE IV.

MADAME DE TELMONT, ÉLISE, ROSE (*toujours cachée*).

MADAME DE TELMONT.

Point de chevaux ; être condamnée à rester ici... lorsqu'on m'attend à Paris... lorsqu'on donne des fêtes charmantes... J'ai reçu vingt lettres ce matin, et je suis encore dans ce vilain pays... Bon ! voilà ma bottine percée ! Maudites pierres ! On ne peut pas faire deux pas... Mais, Élise, vous êtes folle d'avoir voulu me faire faire cette promenade.

ÉLISE.

Eh ! Madame, n'est-ce pas vous qui avez voulu sortir ; ne m'avez-vous pas dit que vous vous ennuyiez ?

MADAME DE TELMONT.

Ah ! c'est vrai : ma tante allait commencer une histoire, et j'avais peur de m'endormir debout.

ÉLISE.

Ce devait être au sujet de cette avalanche qui est tombée il y a six mois, et qui a abattu une mauvaise cabane. C'est la seule nouvelle du pays, et on en régale tous les voyageurs.

MADAME DE TELMONT.

En effet, dans cette histoire il était question d'une montagne, et puis d'une vieille femme et d'une petite qui était devenue muette, et puis, et puis... Je n'en sais rien vraiment, car je me suis sauvée au moment où la chère tante entamait le chapitre de la morale. Mais quelle est cette mauvaise cabane? Je n'avais encore rien vu de si laid.

ÉLISE.

Elle appartient, sans doute, à quelque misérable, comme il y en a tant ici.

MADAME DE TELMONT.

Il me semble sentir une mauvaise odeur; elle sort probablement de cette espèce de hutte. Venez, Élise, rentrons, on nous aura peut-être procuré des chevaux.

ÉLISE.

Dans tous les cas, vous pourrez au moins entendre la fin de l'histoire.

MADAME DE TELMONT.

Ah! mon Dieu! vous me faites trembler... Je me souviens que ces messieurs l'écoutaient avec une patience imperturbable... Suis-je malheureuse de m'être mise en route avec cette ennuyeuse société.

ÉLISE.

Cependant vous étiez enchantée, il n'y a qu'un instant, du baron de Sainville; vous paraissiez le trouver si aimable!

MADAME DE TELMONT.

Impossible d'imaginer rien de plus lourd! Cet homme-là n'ouvre jamais la bouche, qu'il ne me prenne envie de bailler. Les bons mots sont pour lui une étude à laquelle il consacre toute sa vie, et son travail pour les chercher est si pénible, qu'on souffre le martyre à l'écouter; tout, chez lui, est appris par cœur, et il n'est pas jusqu'à son sourire qui n'ait été l'objet d'une étude de plusieurs années.

ÉLISE.

Et M. de Sauvigny, à qui vous venez de dire d'une manière si gracieuse, que lui seul a le talent de nous amuser.

MADAME DE TELMONT.

Ah! l'homme insupportable!... il n'est bon qu'à assourdir les gens. C'est un bruit, un flux de paroles... on n'y tient pas. Tout son esprit consiste à faire des folies; et il me fait l'effet d'un homme qui postule une place aux petites-maisons.

ÉLISE.

Madame votre tante doit vous paraître plus raisonnable?

MADAME DE TELMONT.

Ciel! quelle est assommante avec ses longues narrations et ses éternels traités de morale! Je crois, en vérité, que la pauvre femme a manqué sa vocation; elle aurait dû entrer chez les frères prêcheurs.

ÉLISE (*riant*).

Ah! ah! c'est charmant. Les voilà tous habillés de la bonne manière. Mais il reste encore mademoiselle votre cousine?

MADAME DE TELMONT.

Ah! pour celle-là, il ne faut pas en parler; il n'y a pas même assez d'étoffe chez elle pour faire une caricature. Mais, Elise, ne partirons-nous jamais? Je m'ennuie à la mort! Le vilain pays! O Paris! vive Paris! c'est là seulement qu'on jouit de la vie. Que les gens de province sont à plaindre! Ce qui m'étonne, c'est qu'ils ne soient pas déjà tous morts d'ennui, et dans ce pays-ci surtout. Je ne reviens pas de voir tant de gens encore debout.

Rose paraît dans le fond du théâtre; elle veut s'approcher, elle hésite et revient sur ses pas sans être aperçue.

ÉLISE.

Mais, si je m'en souviens bien, vous vous ennuyiez aussi à Paris. Alliez-vous au bal, vous reveniez avec l'ennui; au théâtre, qu'aviez-vous trouvé? l'ennui; enfin partout l'ennui; et si vous avez fait ce voyage, ce n'a été que pour chasser l'ennui.

MADAME DE TELMONT.

C'est vrai, je suis forcée de l'avouer, l'ennui me poursuit partout. Je cherche le plaisir, et je ne trouve que du vide. J'épuise toutes les jouissances, et ne peux être heureuse. Mais il n'en sera pas toujours ainsi; oui, il faut absolument que je m'amuse, à quelque prix que ce soit. Élise, je compte sur votre secours; vous imaginerez quelque chose de nouveau, un meuble délicieux pour ma chambre, un costume de cheval qui fasse le désespoir de toutes nos élégantes; enfin tout ce que vous croirez le plus capable de me faire plaisir.

ÉLISE.

Soyez tranquille; vous savez combien je vous suis dévouée.

MADAME DE TELMONT.

Oui, oui, une surprise, quelque chose de charmant... Élise, vous êtes une fille précieuse. Allons, je vois que je parviendrai enfin à chasser l'ennui qui m'obsède et à m'amuser réellement. Et ne suis-je pas en passe de le faire? Veuve à vingt ans, cinquante mille francs de rentes, possédant quelques avantages; accueillie, comme je le suis dans le plus beau monde de Paris, que peut-il manquer à mon bonheur?

Rose reparaît, elle s'avance, se recule, hésite encore, puis, s'approchant de madame de Telmont, elle lui tend la main d'un air timide en montrant la maison où est sa mère.

MADAME DE TELMONT.

Allons, toujours des pauvres!

ÉLISE.

Ils pullulent dans ce pays-ci. (*à Rose*) : Est-ce que tu ne travailles pas, petit mauvais sujet? Crois-tu que madame soit obligée de te nourrir?

MADAME DE TELMONT.

Sa figure est jolie; si j'avais là quelque monnaie...

ÉLISE.

Par exemple, vous seriez bien bonne; à des gens qui font le métier de rançonner les voyageurs! (*A Rose*) : A ça, petit vaurien, veux-tu nous montrer les talons?

MADAME DE TELMONT.

Laissez-la, Élise, vous la faites pleurer. Cet enfant m'intéresse. (*Elle tire sa bourse.*) Rien que trois pièces d'or!... Et je les dois à ce fou de Sauvigny. Cet homme-là est d'un bonheur insolent; m'avoir gagné ça d'un seul coup! Mais concevez-vous, Élise, que je n'aie plus d'argent?

ÉLISE.

Oui, Madame, et sans peine à croire; n'avez-vous pas joué tout le long du chemin?

MADAME DE TELMONT.

Eh bien ! j'en suis fâchée à présent ; j'aurais eu du plaisir à donner à cette petite fille. (*A Rose*) : Mon enfant, ce sera pour une autre fois, entends-tu ? l'année prochaine, si je reviens ; en attendant, sois sage ; puis il faut travailler. Grande comme tu es, c'est honteux de demander l'aumône. Allons, va-t-en, et compte sur ma promesse. (*Rose se retire en essuyant ses larmes.*) Elle est vraiment gentille. O ciel ! voici ma tante !

SCENE V.

LES PRÉCÉDENTES, MADAME DE SAINT-FÉLIX, ESTELLE.

MADAME DE SAINT-FÉLIX.

Madame de Telmont, je viens vous annoncer que nous n'aurons des chevaux que dans deux heures.

MADAME DE TELMONT.

Dans deux heures ! y songez-vous ? C'est une éternité !... pour moi, je n'y tiens pas davantage ; j'aurai des chevaux, dussé-je les payer un louis par heure.

ÉLISE (*bas à madame de Telmont*).

Dans ce cas-là nous n'irons pas bien loin.

MADAME DE SAINT-FÉLIX.

Vous serez obligée de prendre patience ; car ces messieurs sont allés faire, en attendant, une petite excursion au glacier de Bossons.

MADAME DE TELMONT.

Comment ! ils nous ont laissées ? On n'est pas plus malhonnête. Allons, il est décidé que je mourrai ici !...

MADAME DE SAINT-FÉLIX.

Eh ! quoi ! ma chère amie, ce sont ces merveilles de la nature que chacun est jaloux de venir admirer qui vous causent tant d'ennui !

MADAME DE TELMONT.

Au contraire, ma tante ; elles m'enchantent, et peut-être plus que vous ; mais des affaires importantes m'appellent à Paris.

MADAME DE SAINT-FÉLIX.

Des affaires importantes ! Ayez au moins de la franchise : c'est le plaisir qui vous y attend.

MADAME DE TELMONT.

Le plaisir, certainement ; nous sommes assez bien ensemble, et ce n'est pas à vingt ans que je me brouillerais avec lui ; mais j'ai aussi des affaires sérieuses à traiter, des comptes à régler, des placements à faire ; et ces choses-là ne souffrent pas de retard.

MADAME DE SAINT-FÉLIX.

Et vous voudriez me faire croire que c'est là le motif qui vous presse ! Non, ma chère amie, non; n'espérez pas de m'abuser; j'ai l'œil trop bien ouvert sur vos intérêts pour ignorer ce qui se passe. Depuis long-temps vous les avez abandonnées, les affaires sérieuses; vous en avez laissé le soin à de malheureux créanciers qui viennent chaque jour frapper inutilement à votre porte, pendant qu'étourdie par le tourbillon qui vous entraîne, vous ne voyez ni les malheurs que vous causez, ni ceux que vous vous préparez à vous-même.

MADAME DE TELMONT.

Je me prépare des malheurs, à moi? Ah! je vous assure que ce n'est pas du tout mon intention ; en conscience, je puis dire que je fais tout ce qui dépend de moi pour me rendre la vie agréable. Ma chère tante, je vous savais bien prédicateur, mais je ne vous croyais pas prophète; voudriez-vous me préciser l'époque de ces malheurs dont vous me menacez d'une manière si effrayante? Je prendrais mes précautions en conséquence. Auriez-vous la bonté de me dire dans quelle année, dans quel mois?

MADAME DE SAINT-FÉLIX.

Je vous dirai même le jour : ce sera celui où vos profusions, votre jeu, votre luxe auront fait crouler votre fortune; où cette jeunesse et cette beauté, dont vous êtes si fière, se seront effacées, et qu'il ne vous restera plus que le remords.

MADAME DE TELMONT.

Comme vous avez la vue longue, ma chère tante! c'est à s'y perdre!... Comment, un jour je serai vieille?... Je n'y avais pas même songé. Ce sera triste, vraiment... Eh bien! — Ah! l'excellente idée! — Eh bien! je me convertis; j'y suis décidée, ma tante; ne me grondez plus : encore vingt ans de plaisir, et je me fais trappiste. Allons, c'est une affaire convenue. En attendant, permettez que j'aille hâter l'instant de notre départ. *(Elle sort avec Elise.)*

SCENE VI.

MADAME DE SAINT-FÉLIX, ESTELLE.

MADAME DE SAINT-FÉLIX.

Quelle tête, bon Dieu! Ah! ma chère Estelle, que ta cousine me fait de mal.

ESTELLE.

Mais, ma chère maman, je ne la conçois pas; j'avais toujours cru qu'on ne pouvait être heureux qu'en remplissant bien ses devoirs; moi-même je l'éprouve chaque jour; ai-je quelque reproche à me faire, je suis triste; au contraire, je ressens un contentement inexprimable lorsque je me suis bien conduite.

MADAME DE SAINT-FÉLIX.

Je le crois, ma chère enfant; c'est le résultat de la bonne éducation que tu as reçue, sous l'influence des respectables maîtresses à qui je t'avais confiée; tu n'as connu que les charmes de la vertu, et si le vice s'est montré à toi, ce n'a été que pour recevoir le châtiment qu'il mérite. Malheureusement, il n'en a pas été ainsi de ta cousine; son éducation a été extrêmement négligée. D'abord, sa mère, sous le prétexte de sa santé, s'opposa à ce qu'on lui fit rien apprendre, et comme il entrait dans ses principes qu'une bonne mère doit un peu gâter ses enfants, elle fit une idole de sa fille. Cependant la nécessité de lui donner une éducation conforme à son rang la décida enfin à lui donner des maîtres ; mais ce ne fut ni la capacité, ni le mérite qu'elle rechercha en eux ; beaucoup d'indulgence, des talents agréables et brillants, voilà tout ce qu'elle leur demanda, comptant, pour le reste, sur l'heureux naturel de sa fille. Aussi ta cousine finit son éducation sans qu'aucune idée positive fût entrée dans sa tête, ni en religion ni en morale. Elle en retira seulement la vanité et l'amour du plaisir, qui, joints à la légèreté naturelle de notre sexe, l'ont faite telle que tu la vois aujourd'hui.

ESTELLE.

Ah! ma chère maman, quelle reconnaissance ne vous dois-je pas! C'est donc vous qui m'avez procuré le bonheur dont je jouis; pendant que ma cousine court à la recherche des plaisirs sans pouvoir en trouver aucun, il s'en présente tous les jours de nouveaux pour moi. J'étais heureuse à Paris, je le suis dans ces montagnes; tout m'amuse, tout m'intéresse : il ne se passe pas de jours que je n'éprouve les plus douces émotions. Et quelle jouissance égale mon bonheur lorsque je peux soulager quelque infortune; élever mon âme vers les cieux après une journée bien employée, jouir des embrassements d'une mère chérie qui a toute ma confiance, toute mon amitié. (*Elle se jette dans ses bras.*) O ma mère! que je vous remercie! que je m'estime heureuse de vous appartenir à tant de titres!

Rose paraît dans le fond du théâtre.

MADAME DE SAINT FÉLIX.

Aimable enfant! tu me causes de bien douces jouissances... Oui, il est vrai que j'ai fait ce que j'ai pu pour assurer ton bonheur. Mais aussi, ma chère Estelle, comme tu as bien répondu à mes soins; tu t'appliquais à tes devoirs; tu tâchais de vaincre tes défauts naissants; tu savais t'humilier de tes fautes, et ton repentir était si touchant, que tu me forçais à mêler mes larmes aux tiennes. (*Apercevant Rose.*) Mais que nous veut cette jeune fille, qui s'approche de temps en temps, et s'enfuit aussitôt, comme si nous l'avions effrayée ?

ESTELLE.

Venez, venez, ma bonne petite, ne craignez rien. Voudriez-vous quelque chose de nous?

Rose s'avance avec timidité, et montre la maison où est sa mère.

ESTELLE.

Dieu! maman! c'est la fille de la brave mère Michel, c'est la muette... (*Elle se fouille.*) Je n'ai plus rien..,

MADAME DE SAINT-FÉLIX.

Tu as été trop prodigue; nous serons obligées de retourner à l'hôtel; je n'ai sur moi que les trois pièces en or que je t'avais promises.

ESTELLE.

Eh bien! maman, il faut les lui donner.

MADAME DE SAINT-FÉLIX.

Et ta robe?

ESTELLE.

Je m'en passerai.

MADAME DE SAINT-FÉLIX.

Oui, mais cette robe, tu en as besoin.

ESTELLE.

Tant mieux ; j'aurai plus de plaisir à m'en passer.

MADAME DE SAINT-FÉLIX.

Excellente enfant!... Tiens, les voilà.

ESTELLE.

Merci, maman, merci; vous ne pouviez me procurer un plus grand plaisir. (*A Rose*) : Prenez-les, ma petite, apportez-les à votre mère, c'est le don d'une jeune fille qui aime sa mère comme vous...

Rose regarde cet or avec étonnement; puis, par un mouvement spontané, elle se jette à genoux en élevant ses mains vers le ciel; elle les abaisse ensuite avec affection sur ses deux bienfaitrices, comme pour prier Dieu de les bénir et de les récompenser, et court précipitamment vers la chaumière.

SCENE VI.

MADAME DE SAINT-FÉLIX, ESTELLE, ÉLISE.

ÉLISE. (*Elle entre sans voir ces dames, en cherchant quelque chose par terre.*)

Le vilain métier que de servir une lionne! On n'a pas un moment de repos; je suis toute en nage... A présent qu'elle a des chevaux, ne voilà-t-il pas qu'elle a perdu son argent, et qu'elle veut absolument que je le lui trouve. (*Apercevant madame de Saint-Félix et Estelle.*) Ah! Mesdames! on vous attend pour monter en voiture.

MADAME DE SAINT-FÉLIX.

Madame de Telmont s'est donc procuré des chevaux?

ÉLISE (*cherchant toujours*).

Je le crois bien; elle aurait plutôt mis le feu au village. Mais ce n'est pas le tout d'avoir des chevaux, il faut encore les payer; et c'est pour cela que je cherche de l'argent.

MADAME DE SAINT-FÉLIX.

Comment! parmi ces pierres?

ÉLISE.

Oui, quelques louis qu'elle a perdus ici.

Du reste, nous sommes accoutumées à ces sortes d'incidents, et madame est au-dessus de ces choses-là.

MADAME DE SAINT-FÉLIX (*riant*).

C'est très-bien ; mais je lui conseillerai, pour une autre fois, de mieux placer son argent. Allons, viens, mon Estelle, elle serait capable de partir sans nous. (*Elles sortent.*)

SCENE VII.

ÉLISE (*seule*).

Celles-là sont trop raisonnables. Au fait, ma maîtresse vaut mieux, elle paie largement, du moins ; et puis nous ne sommes pas mal ensemble : est-elle en colère, je supporte tout ; il n'y a point d'humiliation que je ne sois capable d'endurer ; mais a-t-elle besoin de mes petits services, oh ! c'est à mon tour de faire la loi ; je sais me faire valoir, me rendre difficile ; je me fâche même, s'il le faut, et les pièces d'or me tombent dans les mains. En attendant, je n'ai pas trouvé celles qu'elle a perdues, et Dieu sait quelle bourasque je vais recevoir !... Mais que je suis bonne ! Comme on les aurait laissées là ! Je parie que c'est cette petite sainte de muette qui les a volées; oui, oui, elle m'a un air à ça. Madame n'a fait que les montrer ; certes, qu'elle est adroite ! Et moi, je serais grondée pour ce petit vaurien ! Si je pouvais au moins l'attraper.

SCENE IX.

ÉLISE, LA MÈRE MICHEL ET ROSE, *sortant de la maison.*

LA MÈRE MICHEL (*montrant Elise*).

Tiens, voilà une personne de leur suite; il faut lui parler. Je ne suis pas tranquille, ma Rose; je ne puis pas croire que cette dame ait voulu te faire un don aussi considérable; sans doute, elle s'est trompée.

ÉLISE (*apercevant Rose*).

Ah! ah! je te vois, petite maraudeuse; approche; dis-moi, qu'as-tu fait de l'or que tu as volé à ma maîtresse?

Rose fait un mouvement d'indignation.

LA MÈRE MICHEL.

Que dites-vous? ma fille voler! Nous sommes bien pauvres, mais apprenez, mademoiselle, que nous aimerions mieux mourir de faim que de dérober à qui que ce fût!...

Votre maîtresse a donné à ma fille.. (*Elle montre les louis.*)

ÉLISE (*l'interrompant*).

Donné! donné! Voilà qui est plaisant!... Rendez-moi vite cet or; ce n'est pas à des gens comme vous que l'on fait de semblables cadeaux.

LA MÈRE MICHEL (*avec dignité*).

Non, je ne le remettrai qu'à votre maîtresse; conduisez-moi devant elle.

ÉLISE.

C'est ça, et vous croyez, vieille folle, qu'elle va se donner la peine de vous écouter. Suivez-moi l'une et l'autre, et vous verrez comme on vous traitera.

SCENE X.

LES PRÉCÉDENTES, MADAME DE TELMONT.

MADAME DE TELMONT.

Eh bien! Elise, vous avez donc juré de me faire impatienter... J'ai envoyé vingt personnes sur vos traces. On va partir... ma toilette n'est pas achevée... Oui, oui, je vous l'ai dit, j'y suis décidée, vous sortirez de ma maison.

ÉLISE (*d'un ton piteux*).

Quoi ! c'est ainsi que vous me traitez ! moi qui me sacrifie pour vous servir ; il fallait bien me donner tant de peine pour chercher votre argent.

MADAME DE TELMONT.

Mon argent? Ah ! c'est vrai, je me souviens que je vous avais envoyée... Mais c'est que je ne peux pas m'en passer. Elise, vous l'avez trouvé?

ÉLISE (*d'un air important*).

Ah ! quand je me mêle de quelque chose... (*A part, en regardant les deux femmes.*) Allez, vous me paierez cher cette dernière bordée. (*Haut.*) Tenez, voilà les x voleuses ; et ce qu'il y a de pis, c'est que je ne peux pas le leur faire rendre.

LA MÈRE MICHEL.

Non, madame, non, c'est faux ; permettez-moi de vous expliquer...

ÉLISE (*l'interrompant.*)

Eh bien ! voulez-vous nous donner cet argent, vieille sorcière? Faut-il aller chercher la justice?

LA MÈRE MICHEL.

Dieu me préserve de le garder; tenez, madame !

(*Elle tend la main pour le remettre à madame de Telmont; Rose la retient et veut exprimer, par ses signes, que ce n'est pas la dame qui le lui a donné; Elise la pousse sur sa mère et arrache l'argent des mains de la vieille.*)

ÉLISE.

Là; c'est plus tôt fait.

LA MÈRE MICHEL (*tenant sa fille embrassée*).

Ma fille ! ma Rose !...

MADAME DE TELMONT (*à Elise*).

Pourquoi as-tu rudoyé ces femmes? C'est la misère qui les a portées à cette extrémité : elles me font de la peine.

LA MÈRE MICHEL (*sanglotant*).

Madame, vous paraissez bonne, vous; nous ne sommes pas coupables. (*Elles joignent toutes deux les mains.*) Par pitié... écoutez-moi.

SCENE XI.

LES PRÉCÉDENTES, JULIETTE.

JULIETTE.

Madame, madame, on vous cherche partout ; on monte déjà en voiture.

MADAME DE TELMONT.

O ciel! Et je ne suis pas prête! Elise, suivez-moi. (*Elle sort.*)

ÉLISE (*à Juliette*).

Avant de partir, il faut que je vous recommande ces deux femmes, qui sont bien les plus adroites voleuses que j'aie jamais vues. Venez, je vous conterai un de leurs tours en chemin : il faut que tout le village les connaisse.

SCENE XII.

LA MÈRE MICHEL, ROSE.

LA MÈRE MICHEL.

Pauvre Rose! nous voilà donc arrivées au comble de tous nos maux ; à présent, ils ne peuvent plus augmenter... Nous avions toujours eu, ton pauvre père et moi, une réputation sans tache ; c'était le seul héritage que je pusse te laisser ; et ce dernier bien, cette unique consolation, on nous l'a ravie...

Tu n'as plus rien, ma fille, que l'opprobre et l'indigence ! Ma fille !... (*Elle la presse sur son cœur.*) Toi, toi, que j'ai tant aimée ! toi, qui devais faire mon bonheur ! est-il possible que je te laisse si misérable !... Chère enfant, comme tu souffres ! Ah ! tu me fais trop de mal !...

(*Rose se jette à genoux, elle croise les mains de toutes ses forces, ses yeux sont fixés vers le ciel; puis elle se tourne vers sa mère, l'entoure de ses bras et avec l'expression de la plus vive douleur, elle la présente à Dieu pour lui demander qu'il ait pitié d'elle.*)

LA MÈRE MICHEL.

Mon Dieu ! mon Dieu ! grâce ! grâce ! pour ma fille ! (*Elle tombe à genoux à côté de sa fille, elles se tiennent toutes les deux embrassées.*) Mon Dieu, faites de moi tout ce qu'il vous plaira, mais épargnez ma fille ! cet ange !... Mon Dieu, je vous en conjure, ayez pitié d'une pauvre mère !... Rose, je suis exaucée ! c'est moi qui souffrirai pour toi !... (*Elle fait des efforts pour se relever, Rose lui aide et la soutient.*) Ah ! que je me sens mal!... ce dernier coup m'a tuée! .. Le chagrin, le défaut de nourriture... Un nuage couvre déjà mes yeux... Viens, ma Rose, soutiens-moi... je ne me sens pas la force de regagner ma pauvre maison... Conduis-moi, au moins, jusqu'au banc de pierre... (*Elle fait quelques pas en chancelant, et va tomber derrière le théâtre, en s'écriant :* Ah! mon Dieu!...

SCENE XIII.

MADAME DE TELMONT, MADAME DE SAINT-FÉLIX, ESTELLE, ÉLISE.

MADAME DE TELMONT.

Oui, oui, suivez-moi toutes, j'ai commis une injustice ; je ne partirai point que je ne l'aie réparée. Où est-elle la cabane de ces pauvres femmes?

ESTELLE.

La voilà, j'y cours. (*Elle entre dans la maison, suivie d'Elise.*)

MADAME DE SAINT-FÉLIX.

Mais, d'abord, expliquez-vous, de quoi est-il question?

MADAME DE TELMONT.

Comment! n'avez-vous pas entendu! Ah!

mon Dieu! c'est admirable... Voyez l'or que je croyais avoir perdu; je l'ai trouvé dans ma bourse, et ces deux pauvres femmes que j'accusais, elles étaient venues me montrer celui que leur avait donné Estelle, craignant qu'elle ne se fût trompée. Quelle délicatesse!... Tant de misère et tant de probité!... Je n'en reviens pas... Il me semble toujours entendre les dernières paroles de cette infortunée... (*A Estelle et à Elise, qui sortent de la maison.*) Eh bien! ne viennent-elles pas?

ESTELLE.

Nous avons cherché partout, il n'y a personne.

Elles doivent être allées aux champs, et elles ne reviendront probablement que dans la soirée.

MADAME DE TELMONT.

Que c'est malheureux! Il n'y a qu'un moyen: il faut y aller.

ÉLISE.

Comment, Madame? Vous, faire deux ou trois lieues?

MADAME DE TELMONT.

Eh bien! Elise, vous irez vous-même.

ÉLISE.

Oh ! tant que vous voudrez. Mais avez-vous oublié, Madame, que vous devez vous trouver lundi à Paris pour le bal de l'ambassadeur ; si vous différez encore votre départ, vous n'arriverez pas à temps.

MADAME DE TELMONT.

Il est vrai que ce sera superbe, et je ne peux me dispenser...

ÉLISE.

Vous leur enverrez quelques secours de Paris.

MADAME DE TELMONT.

Je crois que vous avez raison, c'est cela. Je leur en enverrai le double, allons.

(Elle va pour sortir, Rose paraît dans le plus grand désordre, elle s'élance vers madame de Telmont, l'arrête au moment où celle-ci va sortir, saisit les mains d'Estelle et de sa mère, pousse des cris, s'agite, se débat, réunit tous ses efforts pour se faire comprendre; tout-à-coup sa langue se délie, elle bégaie, tombe à genoux et s'écrie) :

Du pain pour ma mère!...

(Mouvement de surprise; exclamation générale.)

MADAME DE TELMONT.

Elle a parlé...

MADAME DE SAINT-FÉLIX.

O ciel !

ESTELLE.

La mère, la mère, où est-elle?

(*Estelle et sa mère courent vers la mère Michel.*)

MADAME DE TELMONT (*donnant sa bourse à Elise*).

Tenez, allez, courez au village; prenez le chemin le plus court, apportez tout ce que vous pourrez imaginer, je paierai tout. Dieu ! si je pouvais sauver cette pauvre femme !...

(*Elle court vers la mère Michel, Elise sort de l'autre côté.*)

SCENE XIV.

JULIETTE (*entrant par le devant du théâtre*).

Tiens ! et où sont-elles? les chevaux attelés, ces messieurs qui s'impatientent... En vérité, je crois que ces belles dames de Paris ont quelque chose dans la tête qui n'est pas fait comme chez nous. D'abord, pour cette jeune dame qui fait tant d'embarras, c'est impossible autrement. Vouloir un moment, un moment après ne vouloir plus, crier, se mettre en colère sans savoir pourquoi; jeter l'argent à pleines mains, comme s'il n'y avait personne qui en manquât, faire le diable à quatre pour avoir des chevaux, et, quand ils sont attelés, se sauver à travers champs, sans qu'on puisse savoir ce qu'elle est devenue; assurément, si ce n'est pas de la folie, je n'y comprends plus rien; mais je sais fort bien que si quelqu'une de nos grosses paysannes voulait s'aviser d'en faire autant, on dirait qu'elle a perdu la tête, et son mari s'empresserait de la faire enfermer. Cependant celle-là, on la laisse libre, on l'écoute même; bien plus, tous ces messieurs sont en admiration devant elle, et c'est elle qui les conduit. Voilà, c'est qu'à Paris les dames du grand ton sont faites comme ça, et que ce doit être la mode dans ce pays d'avoir la tête un peu dérangée. Pour les femmes de chambre, il me paraît que c'est tout autrement; elles ont meilleure tête, mais aussi... comme cette autre... Ah! je ne puis pas lui pardonner ce qu'elle a dit de la mère Michel. Les pauvres femmes! j'en mettrais la main au feu que ça n'est pas vrai... Ah! vive nos montagnes! c'est toujours la mode d'avoir la tête solide et le cœur bon. (*Elle chante.*)

ROMANCE.

LE PETIT SAVOYARD.

PREMIER COUPLET.

Sur le soir d'un jour de souffrance,
Un pauvre petit savoyard
Cheminait au pays de France,
Priant tout bas ; il était tard !
Tout-à-coup, de la ville immense,
Il voit resplendir tous les feux,
Et, de la foule qui s'élance,
Il entend les amas joyeux!
Mais lui, dans sa douleur amère,
De tant d'objets n'est point surpris,
Car sa pensée est pour sa mère,
Pour sa mère et pour son pays (*bis*).

SECOND COUPLET.

Vois, lui dit-on, voici le Louvre;
C'est là que demeurent les rois ;
Plus loin, à ton œil se découvre
Le palais où se font les lois.
Contemple ces brillants portiques

Et ces bazars éblouissants !
Ah ! dit-il, ces lieux magnifiques
Renferment-ils des cœurs contents ?
Le noir chagrin qui désespère
Jamais ne les a poursuivis ;
Ils n'ont pas vu pleurer leur mère,
Ils n'ont pas quitté leur pays ! (*bis.*)

TROISIÈME COUPLET.

Un soir d'hiver, d'un froid sévère,
Que la neige par gros flocon
Descendait, comme un long suaire,
Sur le toit de chaque maison ;
Transi de froid et de tristesse,
Blotti contre un mur du chemin,
Le pauvre enfant, dans sa détresse,
Aux passants s'adressait en vain.
Sous le poids de tant de misère
Et de pleurs les yeux obscurcis,
Il fit sa dernière prière,
Pour sa mère et pour son pays (*bis*).

SCENE XV.

MADAME DE SAINT-FÉLIX, LA MÈRE MICHEL, *soutenue par* MADAME DE TELMONT et ESTELLE, ROSE, ÉLISE, JULIETTE.

LA MÈRE MICHEL.

Ah! mon Dieu!... où étais-je?... Mes bonnes dames, que m'avez-vous fait prendre?... Vous m'avez sauvée... Rose, ma fille... viens dans mes bras! J'ai donc encore le bonheur de t'embrasser!...

ROSE.

Oui, mère, oui... et moi de vous dire que je vous aime.

LA MÈRE MICHEL (*hors d'elle-même*).

O ciel! quel miracle!...

MADAME DE TELMONT.

C'est son amour pour vous qui a fait celui-là.

LA MÈRE MICHEL (*transportée de joie*).

Ma fille! est-ce bien vrai?... Mon Dieu!...

MADAME DE TELMONT.

Modérez-vous, ma bonne mère, ce n'est pas tout, je veux faire reconstruire votre maison.

MADAME DE SAINT-FÉLIX.

Et moi, je veux réparer tout le dommage qu'ont éprouvé vos terres, et je vous donne pour cela trois mille francs.

MADAME DE TELMONT.

J'en donne cinq mille, et je ne bouge pas d'ici que tout ne soit en bon état.

ESTELLE.

Et moi, parce que ma bourse est petite, serai-je privée de faire quelque chose!

MADAME DE SAINT-FÉLIX.

Ce ne serait pas juste! Tu les habilleras, et tu meubleras leur petit ménage.

LA MÈRE MICHEL.

Ah! mon Dieu! ah! mesdames!... que de bontés! J'ai trop de bonheur... oui, j'ai trop de bonheur à présent, j'ai peur de mourir de joie.

MADAME DE TELMONT.

Gardez-vous-en bien, mère Michel, ce ne serait pas le cas de mourir. Vivez, ma bonne mère... vivez pour jouir de votre bonheur, vivez pour cette angelique créature, le don le plus précieux que le ciel ait pu vous faire dans sa bonté!... Jouissez ensemble de vos vertus! Vivez pour moi, à qui vous avez causé la plus douce jouissance que j'aie éprouvée depuis que j'existe ; oui, je vous dois mon bonheur !... Mon cœur est changé ; je connais maintenant le prix de la religion et de la vertu... (*Tendant la main à Madame de Saint-Félix.*) Ma tante, pardonnez-moi tous les chagrins que je vous ai causés ! dès à présent, vous me verrez suivre vos conseils, et marcher sur vos traces... Estelle, tu seras mon amie. (*Les serrant dans ses bras.*) Oui, unissons-nous sous les auspices de cette intéressante famille !...

ÉLISE.

D'après cela, il paraît que Madame ne voudra partir que dans quelques jours.

MADAME DE TELMONT.

Dans quelques mois, et peut-être plus tard. Elise, je vous donne définitivement votre congé. Une femme de chambre telle que vous ne peut plus me convenir. Oui, je resterai ici aussi long-temps que je le pourrai ; je reviendrai souvent au milieu de ces bons Savoisiens, et je me souviendrai toujours que c'est dans leurs montagnes que j'ai trouvé le bonheur.

CHANT FINAL.

ROSE.

O vous qui venez embellir
Nos fêtes par votre présence,
Oserai-je ici vous offrir
Mon tribut de reconnaissance ?
Nos vœux seront tous accomplis,
Permettez-moi de vous le dire,
Si vous accueillez d'un sourire
La muette de Chamonix.

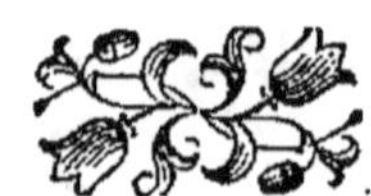

MATHILDE D'ORMOND

OU

LA VENGEANCE,

DRAME HISTORIQUE EN TROIS ACTES.

PERSONNAGES :

Mistriss DAVISSON, supérieure d'une maison d'éducation.
Milady d'ORMOND.
Mathilde d'ORMOND.
ARABELLE, maîtresse.
CLARA, élève.
BETTY, domestique.
Élèves du pensionnat.

—

La scène est à Chester, dans une maison d'éducation.

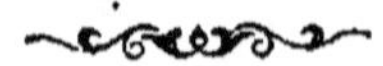

ACTE PREMIER.

Le Théâtre représente un jardin.

SCENE PREMIERE.

MATHILDE (*seule*).

Il me semble entendre encore les terribles paroles qu'il m'adressa au moment d'expirer : « Va, malheureuse, il est temps; va porter à ton père la vengeance que lui a préparé Cromwell !... Grand Dieu ! quelle est donc cette vengeance? Serait-elle dans les soins dont il s'est plu à entourer mon enfance? la piété qu'il tâchait de m'inspirer? les sages conseils qu'il me donnait, et qui devaient, disait-il, assurer mon bonheur? Hélas! je n'avais vu là que des titres à ma reconnaissance; ignorant tout-à-fait mon origine, je le regardais comme mon père... D'où vient que je frémis?... Mon père... Cromwell !... Je ne puis soutenir cette idée ; je me sens, malgré moi, saisie d'une secrète terreur... Mais qui suis-je? quel est le nom de ceux qui m'ont donné le jour? Pourquoi, après la mort du Protecteur, le général Lambert s'est-il chargé de moi, et m'a-t-il conduite ici, dans une maison d'éducation de Chester, dont le séjour est aussi ennuyeux pour moi qu'il paraît agréable aux tristes compagnes que j'y ai trouvées. Cependant tout ici m'étonne de nouveau... Est-elle bien vraie, cette paix qui semble régner en ces lieux? tous ces cœurs que je vois si unis sont-ils exempts de jalousie et de méchanceté? Cette institutrice qui obtient de ses élèves une soumission si parfaite et une affection si tendre, doit-elle ces avantages à la finesse de ses artifices où à l'empire de la vertu? et la vertu elle-même aurait-elle assez de charmes pour maîtriser ainsi les cœurs? Non, non, l'éducation que j'ai reçue me donne une expérience qui me place bien au-dessus des idées que l'on s'efforce d'insinuer à des esprits faibles ou à de jeunes enfants. Je suivrai donc le plan que je me suis tracé; je m'attacherai ici quelques jeunes personnes; je leur ferai comprendre qu'une femme ne peut être heureuse qu'en usant de cette finesse, de cette ruse que le ciel n'a départie à un sexe faible que pour lui donner le moyen de se soustraire à la force ou de la balancer. Oui, je trouverai en moi assez de ressources pour l'exécution de mon projet; je changerai ma position, je la rendrai indépendante, et je jouirai d'autant plus de mon bonheur que je ne le devrai qu'à moi-même... Mais voici la maîtresse, il est prudent de s'éloigner.

SCENE II.

MILADY D'ORMOND, MADAME DAVISSON.

MADAME DAVISSON.

Bannissez vos craintes, milady; le temps est beau, le vent est favorable; tout semble fait pour faciliter la fuite de votre époux; dans une heure, le comte d'Ormond sera hors du pouvoir de ses ennemis.

MILADY.

Hélas! puis-je l'espérer... O mon unique amie, vous qui avez pris tant de soin de mon enfance; qui m'avez toujours aimée avec la tendresse d'une mère! O ma digne institutrice! vous à qui je dois les sentiments religieux qui m'animent; seule consolation que n'aient pu m'ôter nos cruels persécuteurs... Ah! mettez la main sur mon cœur, il n'a jamais rien eu de caché pour vous; si vous pouviez sentir combien il souffre!

MADAME DAVISSON.

Et qui mieux que moi peut souffrir avec vous?... Ranimez votre courage, mon amie, la Providence étend visiblement sa protection sur vous. Rappelez-vous ces moments affreux où la conspiration qui devait rendre la liberté à notre malheureuse patrie et replacer Charles II sur le trône de ses pères fut découverte, votre époux trahi, sa tête mise à prix, et vous, fuyant avec lui pour partages ses périls et peut-être son supplice... Eh bien! Dieu, qui veillait pour vous le conserver, lui avait ménagé un asile ; vous vous souvîntes alors que vous aviez une vieille amie, et votre cœur vous dit que celle-là était incapable de vous abandonner... A travers mille dangers, vous arrivâtes jusqu'ici ; vous vîntes me confier tout ce que vous avez de plus cher ; et Dieu sait avec quelle joie je vous recueillis ! Combien je m'estimai heureuse, en m'exposant pour vous, de recevoir chez moi l'homme le plus vertueux qui ait honoré l'Angleterre... Cependant Lambert venait d'établir son quartier-général dans notre ville ; le comte allait être découvert, lorsque, par un bonheur inespéré, un vaisseau, qui fait voile vers la Hollande, consent à le recevoir à son bord. Espérons que la main toute-puissante qui l'a si bien protégé le conduira jusqu'auprès de Charles. Dans quelques jours, votre époux sera à Bruges. Heureux et fier d'avoir rempli son devoir, il offrira à son roi un dévouement qui ne s'est jamais démenti et un courage plus grand dans ses défaites que les victoires de ses ennemis.

MILADY.

Que je voudrais pouvoir partager votre

sécurité! Pourquoi faut-il qu'un pressentiment funeste pèse toujours sur mon âme? Je vois, à chaque instant, mon époux arrêté, expiant sur l'échafaud le crime d'être resté fidèle... Ma fille! la fille du brave d'Ormond, devenue l'élève de qui... Dieu! puis-je y songer sans frémir... l'élève de Cromwell, de ce monstre, l'assassin de son roi, le tyran de sa patrie!... C'est l'ennemi de son père qui a formé ses jeunes années; ce sont ses mains, toutes rougies du sang de ma famille, qui lui ont tracé ses devoirs!... De quel crime sera-t-elle capable!... O mon Dieu! éloignez de moi de si horribles pensées!... Hélas! je suis épouse et mère; ayez pitié de ma faiblesse!...

MADAME DAVISSON.

Soyez chrétienne aussi : élevez votre âme vers les cieux; voyez-y une bonté infinie, dont les regards s'abaissent sur nous; ils vous cherchent, mon amie, parce qu'ils aiment à s'arrêter de préférence sur ceux qui ont besoin d'être consolés. C'est cette même bonté toute-puissante qui veillait sur votre fille, lorsque vous pleuriez sa mort; qui la plaçait, pour vous la conserver, sous la protection de votre ennemi, et qui aurait été chercher pour elle, s'il l'avait fallu, les enseignements de la vertu dans le cœur même de Cromwell.

MILADY.

Ah! que vous savez bien faire descendre la consolation dans mon âme! Oui, je me plais à reconnaître les soins d'une Providence toute paternelle à mon égard; je l'adore, je la bénis!... Je la remercie mille fois de m'avoir rendu ma fille! Ma fille! bientôt je la serrerai dans mes bras! bientôt elle saura combien je l'aime! Le silence que le comte veut que j'observe à son égard ne saurait être de longue durée; dans quelques jours peut-être je pourrai me faire connaître à elle. Obligée de la fuir de peur de laisser malgré moi éclater ma tendresse, je la vois qui me suit d'un œil indifférent... Elle m'aimerait peut-être si elle pouvait lire dans mon cœur, si elle pouvait savoir combien est sensible le cœur de sa mère!... Mais quel est le motif qui a pu engager Lambert à vous l'amener et à vous confier le secret de son origine?

MADAME DAVISSON.

Il me dit qu'à l'époque de cette généreuse défense de l'Irlande que le comte d'Ormond opposa à Cromwell, et lorsque celui-ci, malgré tant d'efforts, entrait dans Trédach prise d'assaut, au milieu du sang et du carnage de ses malheureux habitants, Mathilde d'Ormond, votre fille, fut arrachée des bras d'un domestique fidèle qui bravait tous les dangers pour la sauver. Cromwell se la fit amener; bientôt instruit de l'origine de cette enfant, il résolut de la garder auprès de lui : Mathilde fut élevée à la cour du protecteur, et regardée comme sa fille. Je ne connais ni les desseins de Lambert, ni ceux du perfide Cromwell; mais je sais qu'ils sont subordonnés à ceux de Dieu; cette pensée me suffit : mes prévisions peuvent me tromper; de plus grands malheurs encore que ceux que nous redoutons peuvent nous assaillir; au milieu de l'orage, je vois un Dieu qui nous conduit. Ses desseins, aussi impénétrables que ses miséricordes, pourraient-ils être approfondis par nous ; et, faibles comme nous le sommes, voudrions-nous resserrer dans les bornes étroites de notre intelligence l'immensité du Tout-Puissant? Il afflige, il punit, il pardonne; c'est par les moyens qui devaient accélérer notre perte qu'il veut nous sauver ; et lorsqu'il semble vouloir nous écraser sous sa main puissante, il nous la tend pour nous aider à nous relever. (*Mathilde paraît au fond du théâtre et se retire.*)

MILADY.

Je vois ma fille!... pourquoi fuit-elle? on dirait que je l'ai effrayée!... Venez, mon amie, sortons... peut-être aurons-nous quelque nouvelle du comte.

SCENE III.

MATHILDE, CLARA.

MATHILDE (*tenant Clara par la main*).

Qu'avez-vous donc, miss Clara? vous me paraissez triste...

CLARA (*avec humeur*).

Moi? Rien, rien du tout. Laissez-moi aller, je vous prie, c'est l'heure de la classe, et je serais grondée.

MATHILDE.

Certes, elle est donc bien sévère votre maîtresse?

CLARA.

Oui, lorsqu'on ne fait pas son devoir.

MATHILDE.

Cependant votre âge a besoin de tant d'indulgence...

CLARA.

L'indulgence serait coupable si elle s'étendait trop loin.

MATHILDE.

Vous raisonnez supérieurement, ma chère Clara; je vous admire d'autant plus que vous n'êtes pas sans mérite à parler de la sorte.

CLARA.

Que voulez-vous dire?

MATHILDE.

Franchement, vous avez quelque chose.

CLARA.

Moi? quelle idée!

MATHILDE.

La distribution des prix approche; l'examen se fait dans deux jours.

CLARA.

Eh bien! je n'aurai rien; mon parti est pris.

MATHILDE.

Ce n'est pas sans regret que vous le prenez; à votre place, j'en serais au moins de mauvaise humeur.

CLARA.

Et l'on me gronde déjà parce que je me plains.

MATHILDE.

Quoi! on vous défend même de vous plaindre? Quelle tyrannie!

CLARA.

Je suis surtout fâchée contre une de mes compagnes, qui m'enlève le seul prix auquel je pusse aspirer.

MATHILDE.

Et vous avez peut-être travaillé plus qu'elle.

CLARA.

Non, je dois l'avouer, je n'ai jamais voulu rien faire.

MATHILDE.

Vous êtes si jeune... Et puis, est-ce bien au mérite qu'on les accorde, ces prix?

CLARA.

Oh ! certainement.

MATHILDE.

Vous le croyez?

CLARA.

Quoi ! vous pourriez là-dessus élever quelque doute?

MATHILDE (*lui prenant la main*).

Ma bonne Clara, que vous m'inspirez d'intérêt !... Votre simplicité est la seule cause qui éloigne de vous les faveurs qu'on accorde à vos compagnes. Cependant je vois que vous les méritez plus qu'aucune d'elles. Je vous aime, je vous plains, je voudrais pouvoir faire quelque chose pour vous...

CLARA (*avec sensibilité*).

Que vous êtes bonne !...

MATHILDE.

Oui, ma chère Clara, j'ai senti de l'affection pour vous dès l'instant que je vous ai vue !... J'ai souhaité que vous devinssiez mon amie !... Le voudriez-vous?

CLARA (*avec sensibilité*).

Votre amie? Ah ! de tout mon cœur ! Eh

bien ! oui, et nous nous aimerons toujours, n'est-ce pas ?

MATHILDE.

Que je voudrais que vous fussiez couronnée !...

CLARA.

C'est impossible.

MATHILDE.

Pas tout-à-fait. Quel est le prix que vous ambitionnez ?

CLARA.

C'est celui de version italienne : la traduction d'un passage du Dante.

MATHILDE.

Eh bien ! vous l'aurez ; je vous le promets.

CLARA.

Je l'aurai ? Comment, par quel moyen ?

MATHILDE.

Ecoutez mon secret : il suffit de se procurer une bonne traduction.

CLARA.

O ciel ! que me proposez-vous ? tromper mes maîtresses !... faire tort à mes compagnes !...

MATHILDE.

Rien de tout cela; vos maîtresses seront enchantées de vos progrès, et vos compagnes, qui ne se montreraient pas plus délicates à votre place, vous feront moins sentir leur supériorité; elles se mettront à votre niveau, et vous y aurez gagné les unes et les autres. D'ailleurs avez-vous bien songé à la honte dont vous seriez accablée si vous n'obteniez aucune récompense en présence de votre famille et de tous ceux qui seront invités à cette fête, au milieu de vos compagnes comblées de félicitations et d'éloges.

CLARA.

Oui, mais comment faire? les cahiers doivent être rendus ce soir.

MATHILDE.

Ah! c'est difficile.

CLARA.

Il me vient une idée... Mais, non...

MATHILDE.

Qu'est-ce? Dépêchez-vous, le temps presse.

CLARA.

Cette dame qui est ici depuis quelques jours... dont le nom ne nous est pas connu...

MATHILDE.

Eh bien !

CLARA.

Cette dame nous a montré une superbe traduction du Dante, qu'elle a dans son bureau.

MATHILDE.

Est-il fermé, son bureau ?

CLARA.

Oui, mais...

MATHILDE.

Achevez donc.

CLARA.

Je sais où est la clef.

MATHILDE.

C'est plus qu'il ne faut ; venez, venez vite.

CLARA (*hésitant*).

O mon Dieu ! où me conduisez-vous ?... Non, non, pas encore.

MATHILDE.

Le moment est opportun ; ces dames sont sorties ; tout-à-l'heure il sera trop tard.

CLARA.

Ah ! laissez-moi, Mathilde, laissez-moi... je ne peux me résoudre à commettre une action comme celle-là... il me semble que c'est un crime... L'orgueil, la jalousie m'y conduisaient... c'est ce qui a excité ma mauvaise humeur... Je reconnais que je suis au-dessous de mes compagnes par mon défaut d'application, peut-être par mon incapacité; mais elles me chérissent toutes comme une sœur; notre maîtresse est pour nous une bonne mère... et je pourrais la tromper... léser mes compagnes d'une récompense qui leur est due pour me l'approprier... oh! non, jamais!

MATHILDE (*après un moment de silence*).

.......Vous m'étonnez, Clara; ils sont donc bien grands, bien élevés les sentiments que l'on vous inspire... à votre âge vous avez la force de souffrir une dure humiliation, plutôt que de manquer à votre devoir...

CLARA.

Ce que vous admirez en moi me paraît tout naturel : il n'est aucune de mes compagnes qui n'en fît autant à ma place.

MATHILDE (*à part*).

Quelles nouvelles idées se déroulent devant moi!... Grand Dieu! daignez m'éclairer!...

Est-ce la vérité que j'entrevois !... Ah ! je le sens, mon âme est faite pour l'aimer !... Si ce n'est qu'une illusion, ramenez-moi aux enseignements qu'on a donnés à mon enfance, et qu'on me disait être inspirés par vous-même. (*Haut.*) Ma chère Clara, oublions, s'il se peut, tout ce qui vient de se passer, et ne nous souvenons plus que de notre amitié.

SCÈNE IV.

LES PRÉCÉDENTES, ARABELLE.

ARABELLE.

Miss Clara, vos compagnes viennent de rentrer en classe ; on vous attend. Et vous, miss Mathilde, ayez soin de préparer votre composition pour ce soir. On ne vous en demande qu'une ; vous êtes libre sur le choix. (*Clara sort avec Arabelle.*)

SCENE V.

MATHILDE (*seule*).

Qu'entends-je ? quoi, à peine arrivée, il faut que je compose. Et sur quel objet ? Ai-je jamais étudié ? suis-je capable de la plus légère production ? Ah ! pourquoi n'a-t-on pas cultivé mon esprit? pourquoi ne m'a-t-on pas fait aimer toutes ces occupations de mon sexe qui font le charme de mes compagnes? Que ne m'a-t-on du moins habituée à cette simplicité, à cette obéissance que j'admire en elles, et qui paraît les rendre si heureuses!... Plus âgée que la plupart d'entre elles, et accoutumée à ne recevoir que des éloges, je subirai la honte de les voir au-dessus de moi... Que dis-je? je me verrai forcée, à leurs yeux, d'avouer mon ignorance... Moi! être humiliée! pourrai-je le supporter? O Cromwell! ô mon père! puisque vous êtes le seul être à qui il me soit permis de donner un nom si doux! auriez-vous voulu vous jouer de ma faiblesse, et me rendre malheureuse? Mais quelle erreur me séduit? Est-ce à moi de partager le scrupule d'une jeune fille, esclave de préjugés qu'on lui fait regarder comme des devoirs, et tellement subjuguée par la crainte, qu'elle n'a plus la force de penser par elle-même? Quel mal ferai-je donc à mes compagnes, pour leur enlever un prix qu'elles ne méritent peut-être pas plus que moi, ou pour devenir leur égale? Non, la ruse, la finesse ne sont dangereuses que lorsqu'on ne sait pas s'en servir; bien dirigées, elles supposent de la pénétration, de l'esprit, et font que nous nous élevons au-dessus des autres. Poursuivons notre projet. Je vais trouver Clara; sa faiblesse, sa mauvaise humeur me l'ont déjà vendue; en un instant l'affaire sera faite, et dans quelques jours je serai couronnée!

—

ACTE SECOND.

Le Théâtre représente une salle de pensionnat.

SCENE PREMIERE.

MADAME DAVISSON (*seule*).

Quelle profonde dissimulation! si jeune, j'en frémis!... Comme ses regards sont composés! que d'adresse dans ses paroles! toute sa personne est pleine d'artifices... Malheureuse mère! ange de vertus! voilà donc votre fille!... Et moi aussi, je sens que mon courage m'abandonne... Douce amie, toi qui m'es devenue si chère, par les peines que m'ont coutées ton enfance, n'ai-je formé ton cœur si bon que pour le rendre malheureux!... Ne fallait-il pas plutôt l'endurcir contre tant de douleurs !... O ciel ! à quelles pensées m'entraîne ma faiblesse?... Est-ce à moi de tenir ce langage? Pardon, mon Dieu ! pardon !... Je l'avais formée pour qu'elle fût heureuse ; j'espérais que son bonheur ferait la consolation de ma vieillesse !... Eh bien ! vous en avez ordonné autrement ; vous avez voulu donner plus d'éclat à sa belle âme ; vous l'avez fait grandir au milieu des déchirements les plus cruels !... Que votre volonté s'accomplisse !... Je vous demande seulement la force de pouvoir encore la consoler !... Espérons cependant ; oui, espérons toujours ; la fille du brave d'Ormond ne peut ressembler à Cromwell... Je sonderai son cœur, et j'y trouverai le germe de la vertu. Mais pourquoi lui faire un secret de son origine? Le comte a craint de commettre une imprudence, il s'est privé d'embrasser sa fille, et il s'expose peut-être à de grands malheurs... Voici la comtesse ; Dieu ! comme elle est abattue !...

SCENE II.

MADAME DAVISSON, MILADY.

MILADY.

Oh! mon amie, nous sommes perdues!... On a refusé au comte de le recevoir à bord!

MADAME DAVISSON.

Aurait-il été reconnu?

MILADY.

Pas encore; mais on a des soupçons; il est épié; ce n'a été qu'avec les plus grandes difficultés qu'il a pu revenir.

MADAME DAVISSON.

Est-il ici, au moins?

MILADY.

Oui; mais il va partir... Je ne veux pas vous exposer davantage; nous nous quitterons cette nuit même.

MADAME DAVISSON.

Milady, me connaissez-vous?

MILADY.

Oui, je vous connais pour la meilleure des amies, la plus tendre des mères!...

MADAME DAVISSON.

Et vous osez me proposer de vous laisser partir!...

MILADY.

Voyez vous-même les malheurs auxquels nous vous exposerions.

MADAME DAVISSON.

Je ne vois que vous, mon amie; moi, je ne suis plus rien; bientôt j'aurai atteint le bout de ma carrière. Dois-je regretter quelques instants de moins, dans une vie semée de tant de peines?... La plus douce satisfaction qu'elle pût m'offrir ne serait-ce pas le sacrifice que j'en ferais pour vous!... Venez, ma fille, venez; amenez-moi auprès du comte; qu'il sache que je ne veux pas qu'il sorte d'ici, et que je ne crains rien lorsqu'il s'agit de vous, pas même la mort. (*Elles sortent.*)

SCENE III.

MATHILDE, CLARA. (*Mathilde porte des livres sous son bras; Clara la suit.*)

CLARA.

Rendez-le moi, Mathilde; rendez-le moi!

MATHILDE (*s'arrêtant*).

Qu'est-ce donc? Qu'avez-vous?

CLARA.

Vous me le demandez, après l'indigne action que vous m'avez fait faire?... Non, je ne peux plus supporter le remords qui m'accable... Je veux réparer ma faute, à quelque prix que ce soit. Rendez-moi, rendez-moi ce livre fatal, que je le rapporte où je l'ai pris. J'aimerais mieux la mort que le tourment que j'endure!...

MATHILDE.

Voulez-vous rire, Clara; votre plaisanterie est de mauvaise grâce.

CLARA.

Rire... Oh! non, je ne ris pas... je rougis plutôt; je rougis pour vous, qui m'avez encouragée au mal, qui m'avez enseigné à le faire!...

MATHILDE.

Est-ce donc moi qui vous ai parlé de ce livre? qui vous ai introduite dans ce cabinet que je ne connaissais pas? N'est-ce pas vous, au contraire, qui avez tout fait? Vous vous êtes procuré la clé, vous avez vous-même ouvert le bureau; si je vous ai engagée à employer un moyen aussi facile, et qui ne pouvait nuire à personne, pour éviter le déshonneur qui vous attendait, je n'ai agi que dans votre intérêt; c'est l'amitié qui m'a conduite : je me suis exposée pour vous servir, et vous m'en faites un crime...

CLARA.

Quoi! vous osez... Où suis-je? grand Dieu!... Ah! il ne m'était pas encore apparu ce vice affreux, qu'on appelle la dissimulation... Il est ignoré dans cet asile, où l'on ne connaît que la franchise et la vérité. La peinture que m'en avait faite une maîtresse prévoyante est bien au-dessous de ce que vous me montrez; il fallait que je vous visse pour le haïr!... Vous avez voulu profiter de la faiblesse de mon caractère; mais le repentir me donne de l'énergie... Rendez-moi ce livre, Mathilde, je l'exige, j'en ai le droit, c'est le prix du premier artifice dont mon cœur, toujours pur jusqu'à ce moment, se soit rendu coupable!...

MATHILDE.

Je saurai le rapporter moi-même lorsqu'il en sera temps.

CLARA.

Je veux le rendre à l'instant même.

MATHILDE.

Vous craindriez d'être découverte.

CLARA.

Je ne crains plus rien à présent que le remords... Ignorez-vous que je peux prévenir les maîtresses ?

MATHILDE.

Pensez-vous m'effrayer ?

CLARA.

Peut-être.

MATHILDE.

Vous vous trompez ; je le garde.

CLARA.

Pourquoi y tenez-vous donc si fort ?

MATHILDE.

Parce que vous me le demandez.

CLARA.

Mathilde, vous êtes bien coupable ; mais il me serait dur de vous accuser : rendez-le-moi.

MATHILDE.

Non, je le garde, vous dis-je, j'y suis décidée. Allez, et soyez sûre que vos menaces ne m'ont point effrayée.

CLARA (*à part en s'en allant*).

O ciel ! que faut-il faire ? M'accuser ? Non, non, je n'en suis pas capable... Avouer ma faute, garder le silence? Je ne sais... Cruelle incertitude!... O mon Dieu! que l'on est à plaindre lorsqu'on a agi contre sa conscience!

SCÈNE IV.

MATHILDE (*seule*).

Elle va tout dévoiler... et moi, je serai partie lorsque l'orage éclatera. Allons, ne perdons pas de temps, il faut tout essayer. (*Elle va pour sortir, et revient sur ses pas.*) Mais que ferai-je de ce livre? (*Elle en sort deux de dessous son bras.*) Dans ma précipitation, j'en ai pris deux. (*Elle les regarde.*) Un portefeuille! (*Elle l'ouvre; une médaille et une lettre tombent à terre; elle les ramasse.*) Que vois-je? Charles II! Elle est donc royaliste, cette dame, l'amie de la maîtresse? Quelle découverte!... « A la comtesse d'Ormond. » Quoi! la femme du proscrit! (*Elle ouvre la lettre.*) « Chester, sous le toit hospitalier de mistriss Davisson, au moment où, le cœur navré, je quitte ma patrie, que j'ai toujours servie avec honneur, et qui demande ma mort. » *Elle regarde au bas.*) « Le comte d'Ormond. » O ciel! il était ici... je l'ai vu... c'est l'inconnu qui est parti ce matin... Il me vient une idée... si je faisais passer tous ces objets à Lambert... je connais son aversion pour les royalistes ; il est à deux pas d'ici; dans quelques instants je serais délivrée... Eh bien ! allons, pourquoi hésiter? Quelle inquiétude s'empare de mon cœur !... Je ressens un trouble que je ne comprends pas... mes membres fléchissent... ma main est tremblante comme si elle s'essayait à commettre un crime !... Cependant la révélation que je vais faire ne peut nuire à personne ; elle n'exposerait que le comte; oui, il périrait, mais il n'est plus ici. Je sens que je ne voudrais pas lui faire de mal ; il m'inspire de l'intérêt, cet inconnu de ce matin... Comme il me serrait la main avec affection !... A côté de lui, une femme dont la physionomie était d'une extrême douceur me regardait en ce moment; ses yeux étaient remplis de larmes ; on aurait dit qu'elle voulait me parler... et moi, il me semble que je les aimais tous les deux !... J'étais affligée qu'ils me fussent étrangers !... Voyons encore cette lettre. (*Elle lit.*) « Ignorant les dangers qui me menacent, j'ai voulu vous léguer mes adieux, peut-être les derniers... Vous direz un jour à ma fille combien elle m'est chère!... combien j'ai souffert de ne pas pouvoir la serrer dans mes bras!... Il a une fille; comme il l'aime!... Qu'elle est heureuse!... Ah! elle ne sera pas condamnée à vivre isolée comme moi!... Elle aura quelqu'un à aimer sur la terre!... Dieu! quel bruit frappe mes oreilles!... Je suis découverte... où fuir? Mais ces objets... Je vais les envoyer... oui, Lambert les recevra... L'intérêt, la nécessité m'y obligent. Allons... Je frémis... mes genoux se dérobent sous moi... Quel vertige trouble mes sens!... Avançons... Je ne puis... une force inconnue me retient!... O ciel! le bruit redouble!... je suis perdue!... Cromwell, mon protecteur! mon père! aidez-moi... je vais faire un de vos coups!... (*Elle sort.*)

SCENE V.

MADAME DAVISSON, ARABELLE.

MADAME DAVISSON.

Clara, coupable d'une telle action! seule!

c'est impossible. Garde-t-elle toujours le silence sur ses complices?

ARABELLE.

Elle est toujours la même ; depuis le moment où vous nous avez appris que milady venait de s'apercevoir d'un larcin commis dans son bureau, elle n'a pas cessé de s'accuser en répandant un torrent de larmes, et de dire qu'elle seule mérite d'être punie.

MADAME DAVISSON.

A-t-elle rendu les objets enlevés?

ARABELLE.

Pas encore; elle doit le faire; mais elle a demandé à parler à Mathilde.

MADAME DAVISSON.

A Mathilde? (*A part.*) J'espérais m'être trompée. (*Haut.*) Arabelle, faites un appel général de mes élèves; qu'elles se rendent toutes dans cette salle. (*Arabelle sort.*)

SCENE VI.

MADAME DAVISSON, MILADY.

MILADY.

Nos maux se compliquent, mon amie; j'ai besoin de votre courage, je vous cherche; je suis impatiente d'apprendre, et je tremble d'être éclaircie...

MADAME DAVISSON.

Clara vient de s'accuser.

MILADY.

C'est Clara qui est coupable? vous me rendez la vie! Je craignais que ma fille!... O mon Dieu! que cette pensée était affreuse!...

MADAME DAVISSON.

Rappelez votre courage, vous en aurez peut-être besoin.

SCENE VII.

TOUTES LES ÉLÈVES. (*Elles s'arrangent en demi-cercle; madame Davisson se place au milieu d'elles, ayant à sa droite Milady.*)

MADAME DAVISSON.

Mes chers enfants, ce n'est plus pour vous féliciter ni pour me réjouir avec vous que je vous réunis autour de moi. Une peine bien cruelle pèse sur le cœur de votre maîtresse!... L'orgueil, l'ambition, en s'éveillant au milieu de nous, y ont fait surgir la pensée d'un indigne artifice : que dis-je? un

.arcin a été commis dans cet asile, où l'on ne connaissait que l'innocence et la vertu, où l'on ne trouvait de bonheur que dans l'accomplissement de ses devoirs. Clara pleure amèrement sa faute; mais est-elle seule coupable? Quel doute affreux!... Ne suis-je plus la mère de mes enfants?... Y en a-t-il quelqu'une ici dont le cœur ait cessé de comprendre le mien?... qui craigne de se jeter dans les bras d'une amie?... Ah! je pleurerais avec elle!... Pourquoi veut-elle me contraindre à lui infliger une cruelle punition? Non, Clara n'a pas pu seule concevoir une telle idée; elle a une complice... cette complice est ici... Mesdemoiselles, elle est dans vos rangs... je la vois... (*On entend le bruit des armes.*) Dieu!... (*Toutes les élèves se tournent effrayées.*)

SCENE VIII.

LES PRÉCÉDENTES, BETZI.

BETZI (*à madame Davisson*).

Madame, la maison est investie d'armes et de soldats. On demande à grands cris le comte d'Ormond.

MILADY, MADAME DAVISSON (*à la fois*).

Mon époux !... Le comte !...

BETZI (*à madame Davisson*).

Voici un paquet que le général Lambert m'a chargée de vous remettre. (*Madame Davisson ouvre le paquet et en sort la lettre et la médaille; elle lit*) : « Madame, je soupçonnais depuis quelques jours un inconnu caché chez vous, qui a cherché vainement à s'évader ce matin; la lettre et la médaille que je vous renvoie m'ont appris que cet inconnu est le comte d'Ormond. Vous connaissez la condamnation qui pèse sur lui; chargé ici des ordres du parlement, je dois la faire exécuter; je demande donc qu'il me soit livré sur le champ. La vengeance de Cromwell est consommée. La délatrice est sa fille Mathilde d'Ormond.

MATHILDE.

Moi! sa fille !... O jour affreux...

MILADY.

Oui, malheureuse !... tu es aussi la mienne !... C'est toi que nous avons tant aimée... que nous avons tant pleurée... et tu nous assassines tous les deux !... (*Prenant la main de madame Davisson.*) Mon malheur est à son comble!... Allons... je vais mourir avec lui!... (*Elle sort avec madame Davisson. Les élèves les suivent à l'exception de Mathilde.*)

SCENE IX.

MATHILDE (*seule*).

Et le ciel ne s'ouvre pas pour me foudroyer!... la terre pour m'engloutir!... Mon père! je lui ai plongé un poignard dans le sein!... La voilà donc cette vengeance que tu lui réservais, monstre de cruautés, impitoyable Cromwell!... Elle est digne de toi!... Je tremble!... je frémis!... Une froide sueur coule de mon visage... un frisson horrible parcourt tout mon corps!... Est-ce la mort que je sens? Non, c'est quelque chose de plus affreux encore : c'est le crime! il pèse sur moi comme une montagne sans pouvoir m'écraser!... Qui me délivrera de ce poids énorme?... Fuyons... je ne suis plus qu'un objet d'horreur. Fuyons dans les forêts, dans les antres les plus sauvages! Fuyons ce cri que j'entends au fond de ma conscience, qui s'élève de toutes parts, qui retentit sans cesse à mes oreilles : Elle a livré son père...

Homme vertueux que j'ai si souvent admiré, au milieu de la cour de Cromwell ! je vous vois encore tel que vous m'êtes apparu ce matin ! ce noble front où se peignait le calme de votre âme ! ce regard fier et doux qui se fixait sur moi avec amour !... ah ! il me disait que vous étiez mon père !... Malheureuse ! et je ne l'ai pas compris !... Qu'ils sont affreux vos derniers moments ! quelle pensée cruelle vous suit dans la tombe !... Ma fille ! c'est elle qui m'a trahi ! qui m'a livré à mes bourreaux !... Oh ! du moins, qu'il me soit permis de vous pleurer toujours ! Dans l'abandon où je serai réduite, que je puisse vous aimer ! conserver dans mon cœur votre image chérie ! vous appeler mon père !... Le voile est déchiré... j'ai ouvert les yeux à la vérité, cette vérité que je sentais au fond de mon âme, étouffée qu'elle était par les perfides insinuations de Cromwell !... Le sang le plus pur coule dans mes veines... j'étais née pour la vertu. O crime ! ô désespoir ! impitoyable Cromwell !... Mon père ! mon père ! la hache est déjà levée... vous périssez en maudissant une fille déna turée !... Eh bien ! je ne crains plus de soutenir vos regards... je vais me couvrir de votre sang pour implorer mon pardon !... Allons, allons, que je me jette sur ce corps glacé ! que je le serre dans mes bras et que je meure de ma douleur !...

—

ACTE TROISIÈME.

Il est nuit; le Théâtre représente une salle du pensionnat.

SCENE PREMIERE.

CLARA, ARABELLE.

Miss Arabelle... ayez pitié de moi!...

ARABELLE.

Que vois-je? Clara! au milieu de la nuit!...

CLARA.

Oui, je me suis échappée... Daignez m'écouter... Je ne veux point me soustraire à la peine qu'on m'inflige; je l'ai trop méritée! mais j'ai entendu du bruit... j'ai craint que le comte... De grâce, dites-moi?...

ARABELLE.

Il n'a plus que quelques instants à vivre. (*On entend un violent coup de tonnerre.*)

CLARA.

Grand Dieu!... on n'a donc pas pu le sauver?

ARABELLE.

Aussitôt après la terrible catastrophe qui l'a livré aux mains de Lambert, madame Davisson a demandé à parler à ce général; elle lui a exposé les droits du comte à attendre une nouvelle décision du parlement, et lui a fait sentir les dangers auxquels il s'exposait lui-même, en assumant sur sa personne toute la responsabilité de cet événement. Lambert n'a pu se défendre de l'écouter; il a consenti à envoyer un courrier à Londres, pour en apporter un second arrêt, et a promis de ne rien entreprendre avant d'avoir reçu de nouveaux ordres. Cependant, nous avions de l'espoir, nous nous flattions que quelque heureux changement pourrait survenir; à présent, tout est fini: le courrier, porteur de la fatale sentence, doit arriver cette nuit même. Les apprêts du supplice l'attendent: le comte doit être exécuté sur-le-champ!... (*Le tonnerre redouble; les éclairs remplissent le théâtre.*)

CLARA.

O ciel !...

ARABELLE.

Quelle nuit affreuse !...

CLARA.

Il semble que tous les éléments soient conjurés contre les coupables !... (*Autres coups de tonnerre; le vent frappe avec violence les vitraux.*) Mon Dieu, mon Dieu, ayez pitié de nous !...

ARABELLE.

Hélas ! Mathilde, qu'est-elle devenue ?...

CLARA.

Dieu ! où est-elle ?...

ARABELLE.

Retirons-nous ; voici sa malheureuse mère. (*Elles sortent.*)

SCÈNE II.

MILADY (*elle est dans le plus grand désordre*).

Je l'ai vu pour la dernière fois... C'en est fait... Dans quelques instants... O mon Dieu ! je ne puis plus supporter tant de maux... Mon époux ! ma fille !... ah ! vous m'avez percé le cœur !... (*Coups de tonnerre, éclairs.*) Grand Dieu ! est-ce pour notre défense que vous faites entendre votre voix formidable... ou voulez-vous achever, en un instant, toutes mes misères?... La lumière disparaît... mes yeux se couvrent déjà d'un crêpe funèbre... Où suis-je?... Quel est ce lugubre appareil qui se dresse devant moi? Un échafaud! un glaive prêt à frapper sa victime... Ah! cruels! arrêtez... c'est mon époux... (*Elle se jette à genoux.*) Ah! je vous en conjure... ne l'immolez pas!... il vous aime tous comme un frère... il ne vous a jamais fait que du bien!... Avez-vous soif de notre sang? eh bien! prenez le mien; je vous le donne avec joie! Tranchez ces jours malheureux qui ne sont faits que pour les larmes... Mais que vois-je? (*Elle se lève.*) O douleur!... sa fille!... Dieu! le permettrez-vous? Sa fille le bras levé!... (*Elle se détourne et cache sa figure dans ses mains.*) Elle lui a percé le sein!... Retire-toi, horrible fantôme... Qui t'a donné le droit de me poursuivre? Tu t'attaches à moi, misérable! (*Faisant des efforts comme pour se débarrasser.*) Je veux fuir... je ne puis... mes pieds restent cloués à terre... Tu me montres les membres hideux! Dieu! le sang en découle de toutes parts!... L'enfer a-t-il vomi une de ses victimes?... Cromwell, est-ce toi? je te reconnais à l'affreuse expression de ton visage... Tu ris, de ton rire sardonique... Tu fixes les yeux sur moi avec un bonheur infernal... Tu veux m'étreindre dans tes bras sanglants... Mon Dieu! mon Dieu! j'implore votre secours!... Eloignez de moi ces épouvantables nuages!... Mon époux, ma fille, venez me délivrer!... (*Voyant entrer madame Davisson.*) Ah! je te vois, ma fille bien-aimée! Mathilde!... Si tu savais combien je souffre! .. Viens, viens consoler ta pauvre mère!... (*Elle l'embrasse.*) Que je te serre dans mes bras!... Que je te presse contre mon cœur!...

SCÈNE III.

MILADY, MADAME DAVISSON.

MADAME DAVISSON.

Hélas!...

MILADY (*regardant madame Davisson*).

O ciel! ce n'est plus elle!... Pardonnez... un songe affreux!...

MADAME DAVISSON.

Je ne suis que votre amie!...

MILADY.

Oui, mon amie... ma seule amie... Eh bien! quelle horrible nouvelle venez-vous m'annoncer?

MADAME DAVISSON.

Tout est calme; le courrier n'est pas arrivé, nous pouvons espérer encore. D'après un émissaire secret qui m'est venu cette nuit du camp de Monk, ce général se disposerait à marcher sur Chester; il paraît même qu'il a reçu des ordres du parlement contre Lambert. La conduite de cet homme extraordinaire me confirme toujours de plus en plus dans l'idée que je me suis faite de lui. Non, je ne me trompe pas : Monk veut rendre son nom immortel; il cache ses nobles desseins comme Cromwell dissimulait ses perfidies; c'est à l'ombre d'une feinte ambition qu'il travaille au bonheur de ses concitoyens; la gloire dont il se couvre, il va la sacrifier pour la rendre plus éclatante; elle sera le premier degré du trône qu'il élève à Charles II. Quoi qu'il en soit, soyez sûre que jamais Monk ne se souillera du sang du brave d'Ormond; si le fatal courrier avait été arrêté dans sa course, Monk aux portes de Chester, Lambert forcé de prendre la fuite, votre époux serait sauvé. La nuit a été affreuse; un orage, tel qu'on n'en avait pas vu depuis long-temps, a désolé nos campagnes; les chemins sont abîmés; qui sait si Dieu, dans sa bonté infinie, n'a pas permis que le courrier s'égarât, ou qu'il fût arrêté par de si grands dangers? Il devait être ici au milieu de la nuit, et l'horloge vient de sonner cinq heures.

MILADY.

Il me semble entendre du bruit...

MADAME DAVISSON (*après avoir regardé*).

Ce n'est rien... J'ai envoyé sur toutes les avenues; à la première nouvelle, ma fidèle Betzy a ordre de se rendre ici

MILADY.

O mon amie! je suis toujours mère!... Ma fille! qu'est-elle devenue? (*Madame Davisson lui jette un regard de compassion.*) Vous n'osez me répondre... Ma fille! je

BIBLIOTHÈQUE IMPÉRIALE

l'aime encore, ma fille! Ah! que je voudrais pouvoir lui pardonner!... que je voudrais qu'il me fût permis de l'aimer comme je l'aimais lorsque je pleurais sa mort!... Douces larmes! comparées à cet affreux tourment, que je vous regrette!...

SCENE IV.

LES PRÉCÉDENTES, BETZY (*elle paraît pâle et tremblante au fond du théâtre*).

MILADY (*l'apercevant*).

Dieu! Betzy... le courrier... (*Betzy s'approche d'un air consterné; elle hésite.*)

MILADY.

Parle... parle, te dis-je...

BETZY.

Il est... il est arrivé...

MILADY.

Eh bien! mon parti est pris, je vais le joindre... Je vais mourir avec lui... (*A madame Davisson et à Betzy, qui veulent l'arrêter.*) Ah! cruelles! que faites-vous! Mon époux!... Laissez-moi... laissez-moi... je vous en prie! je vous en conjure!... Barbares! voulez-vous me priver du seul moment de bonheur que je puisse encore goûter sur la terre!... Ah! ne voyez-vous pas ma douleur? Ne m'ôtez pas ma dernière consolation!... Que je puisse partager son supplice! périr du même coup... Non, non, vous ne nous séparerez pas... (*Elle s'échappe de leurs mains et se précipite vers la porte.*)

SCENE V.

LES PRÉCÉDENTES, ARABELLE.

ARABELLE (*arrêtant milady*).

Il est sauvé! il est sauvé! le courrier a été arrêté.

MILADY (*joignant les mains*).

O mon Dieu!...

ARABELLE.

Je viens de lui parler; il est sur la place entouré de la multitude, qui le questionne. Voici ce que j'ai recueilli : On a vu hier au soir, à la tombée de la nuit, un jeune homme se diriger vers la grande route, il était enveloppé dans un grand manteau, il marchait d'un pas précipité; personne ne l'a reconnu. Bientôt il s'est trouvé dans cette épaisse forêt, autrefois si funeste aux voyageurs qui se hasardaient à la traverser pendant la nuit. Un bruit sourd annonçait l'orage, la mer faisait entendre au loin ses mugissements, les vieux chênes frémissaient. Tout-à-coup les ténèbres ont remplacé le jour, les vents se déchaînant, le tonnerre remplit les airs d'affreux roulements, il éclate de toutes parts, la forêt paraît embrasée, elle s'ébranle, et semble prête à entr'ouvrir son sein. Les arbres tombent sous les efforts de la tempête et vont rouler dans le torrent qui fuit en emportant la dernière ressource du pauvre, le fruit de son pénible labeur, et, dans le berceau où l'avait placé une tendre mère, le plus jeune et le plus cher de ses enfants! Au milieu de ce désolant spectacle, que fuyait avec horreur le villageois effrayé, en se hâtant de gagner sa demeure, cet homme a été vu appuyé contre un chêne, bravant tous les dangers comme s'ils n'existaient pas; son visage, éclairé par le feu des éclairs, paraissait impassible; il assistait à ces épouvantables scènes de la nature bouleversée, comme s'il y était étranger. Cependant le courrier traversait la forêt, il s'avançait rapidement dans l'obscurité pour remplir sa cruelle mission : il était dix heures. Tout-à-coup son cheval est arrêté, et une voix énergique fait résonner à ses oreilles ces terribles paroles : *La condamnation du comte d'Ormond ou la vie!...* Le malheureux courrier n'avait pas d'armes; anéanti et tremblant, il livre la fatale dépêche. L'inconnu s'en empare et disparaît aussitôt. On ignore ce qu'il est devenu.

SCENE VI.

LES PRÉCÉDENTES, BETZY.

BETZY (*à Milady*).

Milady, un étranger est là, qui demande à vous parler.

MILADY.

Qu'il entre. (*Betzy sort.*)

SCENE VII.

(*L'étranger entre enveloppé dans un grand manteau; il est suivi de toutes les élèves, qui se placent, en demi-cercle, au fond du théâtre; il présente un papier à Milady.*)

MILADY (*après avoir lu*).

Que vois-je? la sentence de mort de mon époux!... Généreux mortel!... la joie! la reconnaissance! Je ne puis parler tant je suis émue... L'offre de tout ce que nous possédons n'est pas digne de vous. Que pouvons-nous faire? Parlez... que j'aie le bonheur de voir notre libérateur. (*L'inconnu garde le silence.*) Vous vous taisez ; voudriez-vous nous interdire la reconnaissance? ne sentez-vous pas combien elle doit être douce à nos cœurs? Seriez-vous cruel, après avoir été si généreux?... Quelle que soit votre origine, vous nous êtes devenu bien cher, vous faites à présent partie de notre famille. Vertueux jeune homme! qu'elle est heureuse la mère qui a donné le jour à un tel fils!... Eh bien! soyez aussi le nôtre ; vous remplacerez... Que dis-je? n'est-elle plus ma fille? elle vivra là! (*en montrant son cœur*) oui, là, toujours... Hélas! que ne peut-elle vous ressembler!... (*L'inconnu fait un mouvement pour sortir, Milady le retient.*) Non, non, vous ne sortirez pas que vous ne m'ayez dit qui vous êtes; découvrez-vous, vous m'avez donné le droit de l'exiger.

(*Elle lui ôte son chapeau; ses longs cheveux descendent sur ses épaules; Mathilde tombe aux genoux de sa mère.*)

MILADY.

Ma fille !...

MATHILDE.

O ma mère, puis-je à présent implorer mon pardon !...

MILADY (*la relevant et la serrant dans ses bras.*)

Ton pardon ? ma fille ? Ah ! viens que je te presse sur mon cœur !... O jour heureux !... ma fille ! mon Dieu !... (*Les larmes étouffent sa voix.*)

SCENE VIII.

LES PRÉCÉDENTES, BETZY.

BETZY.

Le général Monk est aux portes de Chester; il a fait sommer Lambert, au nom du parlement, de sortir de cette ville, et a demandé que le comte d'Ormond fût mis en liberté. La prison est ouverte : le comte est sur la place ; il s'avance au milieu des félicitations de ses amis, et d'une foule de peuple qui le suit en le bénissant. Monk, dit-on, va marcher sur Londres ; ses soldats ont déjà fait entendre le cri de : Vive Charles II !

MILADY.

O mon Dieu! que vous nous prouvez bien que vous seul faites des miracles! Allons, allons au-devant du comte, que je lui présente sa fille! sa fille dont je suis glorieuse! elle est digne de lui!...

MATHILDE (*à madame Davisson*).

Avant tout, qu'il me soit permis de vous demander une grâce, à vous, Madame, à qui j'ai causé de si cruelles inquiétudes! si je suis encore indigne de la place que je devais occuper dans votre cœur, au milieu de vos chères élèves, ne la refusez pas à la malheureuse Clara. (*Elle va la prendre par la main, et la lui amène.*) Pardonnez-lui; je suis seule coupable.

MADAME DAVISSON (*les serrant dans ses bras.*)

Mes enfants! mes chers enfants! oui! oui!... tout est pardonné... tout est oublié... (*Elle tend la main à Milady.*) Allons trouver le comte, et tous ensemble élevons nos actions de grâces vers le ciel.

FIN.

LIMOGES. — IMP. DE BARBOU FRÈRES.

BIBLIOTHÈQUE IMPÉRIALE IMPR.

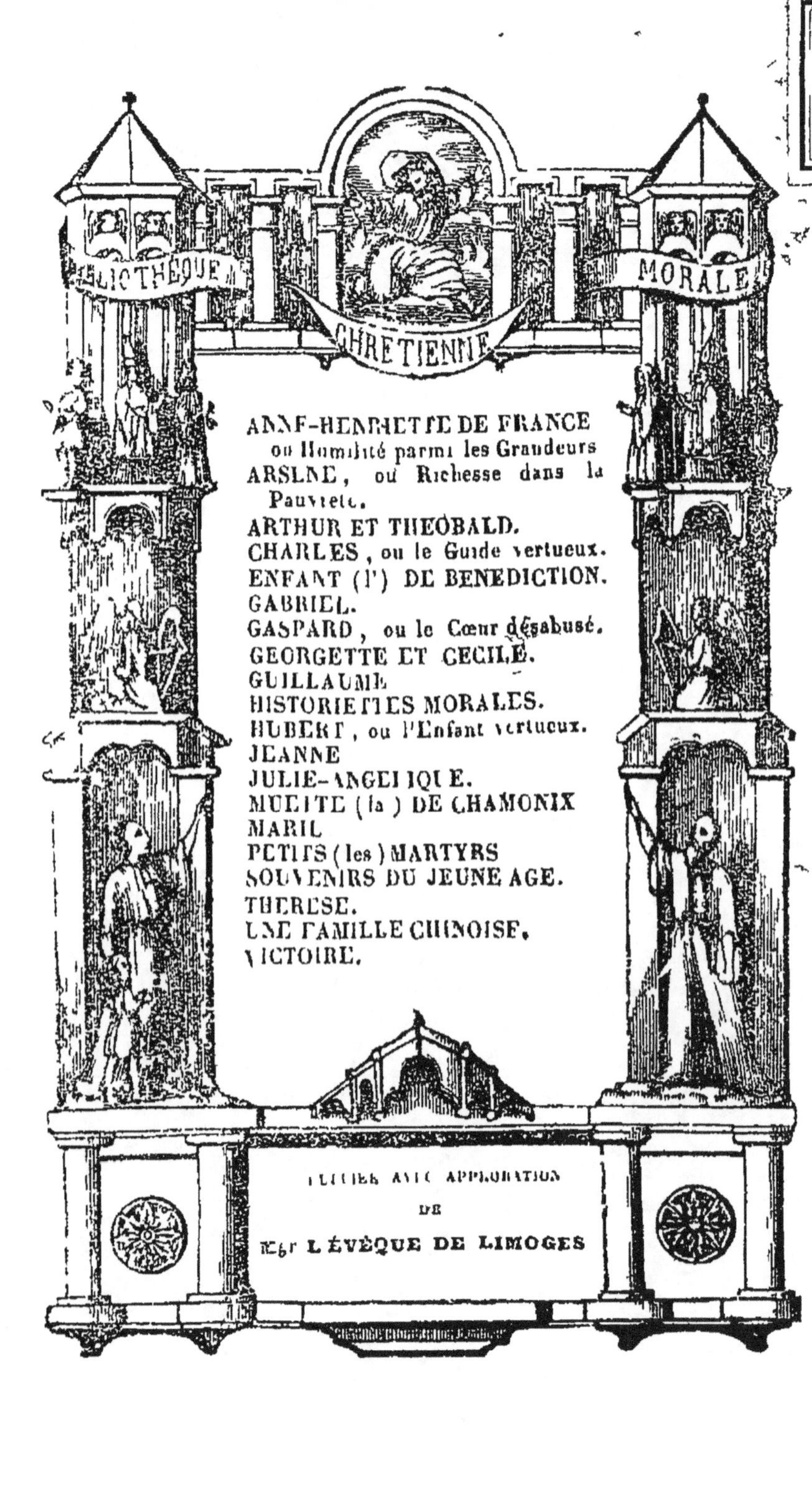
MORALE
CHRETIENNE
ANNE-HENRIETTE DE FRANCE ou l'Humilité parmi les Grandeurs
ARSÈNE, ou Richesse dans la Pauvreté.
ARTHUR ET THÉOBALD.
CHARLES, ou le Guide vertueux.
ENFANT (l') DE BÉNÉDICTION.
GABRIEL.
GASPARD, ou le Cœur désabusé.
GEORGETTE ET CÉCILE.
GUILLAUME
HISTORIETTES MORALES.
HUBERT, ou l'Enfant vertueux.
JEANNE
JULIE-ANGÉLIQUE.
MUETTE (la) DE CHAMONIX
MARIE
PETITS (les) MARTYRS
SOUVENIRS DU JEUNE AGE.
THÉRÈSE.
UNE FAMILLE CHINOISE.
VICTOIRE.
PUBLIÉE AVEC APPROBATION
DE
Mgr L'ÉVÊQUE DE LIMOGES

www.ingramcontent.com/pod-product-compliance
Lightning Source LLC
LaVergne TN
LVHW010614110826
845149LV00003B/910

* 9 7 8 2 0 1 9 1 7 5 3 2 0 *